# CRISTINA CONTILLI

# LA PARIS DES IMPRESSIONISTES / LA PARIGI DEGLI IMPRESSIONISTI

## TERZO VOLUME

Pour l'e-book:

http://www.youscribe.com/catalogue/tous/art-musique-et-cinema/beaux-arts/la-paris-des-impressionistes-la-parigi-degli-impressionisti-terzo-2378506

YOUSCRIBE.COM - PARIS

**creative**
**commons**

Pour le livre:

Lulu.com
3101 Hillsborough Street
Raleigh, NC 27607
USA

Printed in 2014.

SECONDA EDIZIONE

## Nota della curatrice:

Questo terzo ed ultimo volume si propone di completare i due precedenti offrendo una panoramica delle attrici, cantanti liriche, ballerine e musiciste che sono state muse e modelle dei pittori attivi nella Francia della Bella Epoque.

Grazie al fotografo e collezionista Domenico Nardozza per la preziosa collaborazione nella ricerca e catalogazione delle foto sia di questo volume sia dei due precedenti.

# ELLEN ANDRÉE

## CDV PHOTO DELLO STUDIO GUILLE & NIEVSKY – PARIS
## 1870 CIRCA

# ELLEN ANDRÉE RITRATTA DA RENOIR[1]

[1] http://commons.wikimedia.org/wiki/File:Pierre-Auguste_Renoir_-_Ellen_Andr%C3%A9e.jpg?uselang=it

## CDV PHOTO STUDIO PAUL BERGER – PARIS
### (Collezione di Domenico Nardozza)

**EDOUARD MANET, LA PARISIENNE**
("La parigina", per questo quadro ha posato
proprio la Andrée

che è stata modella e musa di molti pittori impressionisti)[2]

Ellen Andrée modella per Degas
in un quadro in cui sono stati rappresentati
due bevitori di assenzio.

---

[2]http://commons.wikimedia.org/wiki/File:%C3%89douard_Manet _-_La_Parisienne.jpg?uselang=it

# JANE AVRIL[3]

[3] "Jane Avril naît à Belleville en 1868. Sa mère est une demi-mondaine et son père un noble italien, le marquis Luigi Fontana, un viveur qui ne la reconnut pas et dont elle hérite d'un tempérament artistique et d'une certaine élégance. Elle est d'abord élevée par ses grands-parents paternels. Puis à l'âge de 9 ans, elle est confiée à sa mère, frappée de démence, qui la maltraite. Elle est placée très jeune dans une institution. On tient ces mauvais traitements pour responsables des troubles nerveux qui la feront admettre comme patiente du docteur Jean-Martin Charcot à l'Hôpital de la Salpêtrière pour épilepsie et hystérie. Décidée à se suicider en se jetant dans la Seine, elle est recueillie in extremis par des prostituées qui lui font connaître le Paris nocturne. Elle fréquente le monde de la nuit et les lieux troubles de Paris où des femmes mi-danseuses mi-prostituées sont l'attraction de la capitale, en particulier le bal Bullier où elle se découvre une passion pour la danse. Et c'est là, devant la jeunesse estudiantine, assidue aux soirées de l'établissement, qu'elle fait ses premières gambilles dans une sorte de don inné et de folie du rythme. Tout son corps gracile s'électrise quand elle entend les joyeux accents d'*Orphée aux Enfers*. Elle racontait elle-même: «Un jour, j'ai dansé comme un chevreau. On avait fait cercle autour de moi. J'avais l'air d'une enfant; mes cheveux voletaient. Et je me souviens d'une robe "Empire", blanche rayée de mauve, qui, autour de moi, s'épanouissait. Devenue amoureuse de la danse, elle y trouve sa voie. Sa fragilité nerveuse lui fait supporter les surnoms de *Jane la Folle* ou de *Mélinite*. Sa rencontre avec Charles Zidler lui donne l'occasion d'entrer sous sa protection au Moulin Rouge. Elle impose de porter le rouge, sa couleur favorite, comme couleur de ses dessous, et elle sera la seule à le porter, les autres danseuses portant des sous-vêtements blancs. C'est à ce choix que l'on doit la tradition d'une robe rouge portée par la *soliste* de revue. Sa carrière se poursuit aux *Décadents*, puis au *Divan japonais*, à *L'Eldorado*, au *Jardin de Paris*, au *Tabarin*, enfin elle triomphe aux Folies Bergères où elle créera le

ballet de *L'arc-en-ciel*. Contrairement à <u>La Goulue</u> et aux autres danseuses, elle danse avec pudeur et sans vulgarité. C'est elle qui exportera au début du <u>XX<sup>e</sup> siècle</u> le <u>french cancan</u> dans les principales capitales européennes, au Palace Theatre de <u>Londres</u> comme à Madrid. Intelligente et sensible, Jane Avril fréquente les milieux intellectuels et artistiques. Égérie d'Henri de Toulouse-Lautrec, dont elle admire le talentet qui pour elle délaissera la Goulue, partenaire de <u>Mistinguett</u>, amie de <u>Joris-Karl Huysmans</u>, <u>Maurice Barrès</u>, <u>Auguste Renoir</u>, <u>Alphonse Allais</u> qui veut l'épouser, elle est adulée par les hommes. Toulouse-Lautrec rend hommage à son sens artistique en la faisant figurer sur le numéro 1 de la revue *L'Estampe originale* Elle épousera le peintre et dessinateur <u>Maurice Biais</u> en <u>1911</u>. Elle vit retirée à <u>Jouy-en-Josas</u> jusqu'à la mort de Biais en <u>1926</u>. En 1935, elle dansa pour la dernière fois avec l'acteur et meneur de revues français <u>Max Dearly</u>, à l'âge de 67 ans.»
Testo tratto da: <u>http://fr.wikipedia.org/wiki/Jane_Avril</u>

Jane in una foto all'albumina,
mentre balla.[4]

[4] http://en.wikipedia.org/wiki/File:Jane_Avril.gif

Jane in un famoso manifesto del Moulin Rouge
designato da Henri De Toulouse-Lautrec nel
1893.

# JEANNE JULIA BARTET⁵

5 «**Jeanne Julie Regnault**, dite **Julia Bartet** ou Mademoiselle Bartet, née en 1854 à Paris où elle est morte le 28 octobre 1941, est une comédienne française. (…)Elle entre au Conservatoire dans la classe de Régnier de la Brière, ancien comédien, en novembre 1871, et quelques mois de cours lui suffisent pour obtenir un second accessit de comédie au concours de fin d'année. Elle est immédiatement engagée au Théâtre du Vaudeville (elle a 18 ans) où elle débute en septembre 1872 dans le rôle de *Vivette* de *l'Arlésienne* d'Alphonse Daudet, dans lequel elle obtient un vif succès.

Grâce à son talent, et en dépit de sa jeunesse, elle se fait rapidement une place de premier plan dans ce théâtre, surtout après son interprétation de Madame Bellamy dans *l'Oncle Sam* de Victorien Sardou, en 1873. Dès lors, plus aucune pièce importante, créée ou reprise, ne se fait sans elle. On peut citer ses participations dans :

- *Berthe d'Estrées* de Henri Laurent Rivière en 1873 ;
- *Les Ganaches* de Victorien Sardou en 1874 (créé en 1862 au Gymnase);
- *Le Chemin de Damas* en 1875;
- *Manon Lescaut* en 1875;
- *Fanny Lear*, rôle de Geneviève de Noriolis, de Meilhac et Halévy en 1875;
- *Fromont jeune et Risler aîné*, rôle de Désirée, d'Alphonse Daudet en septembre 1876;
- *Dora* de Victorien Sardou en 1877;
- *Le Club* d'Edmond Gondinet en septembre 1877, rôle de Jeanne de Mauves, premier rôle féminin;
- *Les Bourgeois de Pontarcy* de Victorien Sardou en 1878;
- *Les Tapageurs* d'Edmond Gondinet en avril 1879, rôle de Clarisse, premier rôle féminin.

Elle est admise à la Comédie-Française en septembre 1879. Elle en devient la 307ᵉ sociétaire en décembre 1880 par un vote unanime du comité, une fois accomplis les trois débuts d'usage:

13

- dans la comédie: rôle de M<sup>lle</sup> Henderson dans *Daniel Rochat* de Victorien Sardou en février 1880
- dans le drame: rôle de la Reine dans *Ruy Blas* de Victor Hugo
- dans la tragédie: rôle d'Iphigénie dans *Iphigénie* de Racine

À cette époque, où l'administrateur général du théâtre, Émile Perrin, qui a le goût de la modernité, ouvre le répertoire à de nombreuses pièces nouvelles, la polyvalence de Julia Bartet lui permet de tenir les rôles de jeune première du répertoire classique, des reprises récentes et des créations nouvelles. Quelques exemples montrant la large variété des rôles tenus et l'étendue de son talent:

- Mlle de Belle-Isle dans la pièce du même nom d'Alexandre Dumas père;
- Camille dans *On ne badine pas avec l'amour* d'Alfred de Musset;
- Mlle Béjart dans *l'Impromptu de Versailles* de Molière;
- Blanche dans *le Roi s'amuse* de Victor Hugo;
- Christine dans *Bertrand et Raton* d'Eugène Scribe;
- Antoinette dans *le Gendre de M. Poirier* d'Émile Augier;
- Andrée dans *Jean Baudry* d'Auguste Vacquerie;
- Catherine de Septmonts dans *l'Etrangère* d'Alexandre Dumas fils;
- Doña Sol dans *Hernani* de Victor Hugo;
- Armande dans *les Femmes savantes* de Molière en 1888;
- Silvia dans *Le Jeu de l'amour et du hasard* de Marivaux en 1891
- Bérénice dans *Bérénice* de Jean Racine en 1893
- Andromaque dans *Andromaque* de Jean Racine en 1901, où elle fut la première à adopter une robe grise pour le rôle.

Notamment, elle insiste pour que l'on reprenne *Bérénice* de Racine en 1893, pièce oubliée en raison de la Révolution, mise en scène par Mounet-Sully. Son succès est immense

Enfin, elle tient les premiers rôles féminins dans les créations suivantes:

- *Les Rantzau* de Erckmann et Chatrian en 1882;

- *Mademoiselle du Vigean* de Simone Arnaud en 1883 ;
- *Denise* d'Alexandre Dumas fils en 1885;
- *Chamillac* (Mme de Tryas) d'Octave Feuillet en 1886 ;
- *Francillon* d'Alexandre Dumas fils en 1887;
- *La Nuit d'octobre* de Musset avec Sarah Bernhardt dans le rôle du poète en mars 1887.
- *La Loi de l'homme* de Paul Hervieu (rôle de Laure de Raguais) en février 1897;
- 1901: *Le Marquis de Priola* de Henri Lavedan, Comédie-Française
- *L'Énigme* de Paul Hervieu (rôle de Léonore) en novembre 1901;
- 1902: *L'Autre Danger* de Maurice Donnay, Comédie-Française
- 1905: *Les Deux Hommes* d'Alfred Capus, Comédie-Française
- 1905: *Marion de Lorme* de Victor Hugo
- 1906: *Le Duel* de Henri Lavedan, *duchesse de Chailles*
- *L'Écran brisé* de Henry Bordeaux en 1908, dont elle fut *l'inspiratrice et la créatrice*, selon les propres mots de Henry Bordeaux. Il s'agit d'une adaptation de la nouvelle du même nom;
- *Le Foyer*, d'Octave Mirbeau (rôle de Thérèse Courtin), en décembre 1908.
- *Après moi* de Henry Bernstein, en février 1911.

Son excellence dans tous ces domaines la fait qualifier de «divine Bartet». Elle est décorée de la Légion d'honneur au grade de chevalier en 1906. En 1908, elle fait une saison à Londres.

À 65 ans, en 1919, en pleine gloire, elle quitte la Comédie-Française en jouant Bérénice lors de la création de *L'Hérodienne*, héroï-comédie tragique d'Albert du Bois, et elle prend définitivement sa retraite du théâtre. Elle se consacre désormais à la peinture. En janvier 1920, elle est promue au grade d'officier de la Légion d'honneur.

Elle est inhumée au cimetière de Passy. Le 17 février 1942, lors d'une cérémonie présidée par le secrétaire général des Beaux-Arts Louis Hautecoeur, un buste de Julia Bartet est inauguré à la Comédie-Française[5].

Julia Bartet fut l'un des modèles de Marcel Proust pour la Berma, avec Réjane et Sarah Bernhardt.

**Résidence**[modifier | modifier le code]

* 16 rue du Général-Foy, Paris 8e, pendant plus de 40 ans

**Mentions dans la littérature**

* Marcel Proust

«Nouvel enchantement. Mme Sarah Bernhardt, vêtue d'une longue robe de soie argentée, garnie d'une magnifique guipure de Venise; Mlle Bartet, ayant une jupe de dentelle blanche et un corsage de mousseline de soie bleue, et Mlle Reichenberg apparaissent toutes trois réunies. De longs applaudissements les accueillent [...] La Muse reprend ses droits. De nouveau M. Delafosse est au piano. Cette fois, il accompagne des mélodies que lui-même composa sur des poésies de M. de Montesquiou et que chante avec beaucoup de sentiment M. Bagès. Mlle Bartet nous revient aussi, exquise, extraordinaire. Elle récite *Le parfum impérissable*, de M. Leconte de Lisle ; le *Récif de corail*, de M. José-Maria de Heredia, une chose délicieuse de Mlle de Heredia, l'*Etang bleu* ; le *Figuier et Aria*, de M. Robert de Montesquiou. [...] Rien n'égale le triomphe de Mlle Bartet ..., si ce n'est celui de Mme Sarah Bernhardt, qui nous dit, elle aussi, des vers du maître de la maison »

— *Une fête littéraire à Versailles*, in *Ecrits sur l'art*, GF Flammarion, p. 76-77

* Paul Claudel

«On n'entend plus que la grosse caisse qui fait patiemment poum poum poum, pareille au doigt résigné de Madame Bartet battant la table en cadence pendant qu'elle subit les reproches de Monsieur le Comte.»

— *Le Soulier de satin*, préface, La Pléiade, Théâtre II, p. 664

16

La foto in bianco e nero, il cui originale era
quasi certamente all'albumina, è tratta da
wikimedia commons, ma probabilmente faceva
parte di una sequenza di foto scattate in studio
perché sul mercato antiquario ho rintracciato la
seguente foto della Bartet:

**JULIA SULLA RIVISTA "LE THEATRE"
DEL 1904.**

## JULIA NELLA BERENICE DI RACINE
## FOTOGRAFATA DA NADAR.[6]

───────────────

[6]http://upload.wikimedia.org/wikipedia/commons/f/f7/Bartet%2C_Julia.jpg

Un articolo sulla Bartet tratto da
una rivista teatrale del 1892.

22

# AUGUSTINE BROHAN

**AUGUSTINE IN UNA FOTO
ANONIMA DEL 1852.**

E in una litografia del 1855.

# ETHELIE MADELEINE BROHAN[7]

# MADELEINE RITRATTA
# DA PAUL BAUDRY[8]

---

[8]http://commons.wikimedia.org/wiki/File:Baudry_paul_madeleine _brohan_de_la_comedie_francaise.jpg?uselang=fr

**MADELEINE IN UN CDV PHOTO DELLO
STUDIO CARJAT DEL 1864.**[9]

---

[9]http://commons.wikimedia.org/wiki/File:Madeleine_Brohan_par_
Carjat_BNF_Gallica.png

## E AD INIZIO CARRIERA IN UNA
## LITOGRAFIA DEL 1841.[10]

[10]http://commons.wikimedia.org/wiki/File:EthelieMadeleineBrohan.jpg?uselang=fr

MADELEINE SU "PARIS THEATRE"
(1876)

## IN UN CDV ANONIMO
## (DA WIKIMEDIA COMMONS)

## E IN UNO DELLO STUDIO
## DISDERI DI PARIGI

# LINA CAVALIERI[11]

---

[11] Élevée dans les rues, orpheline à 15 ans, Lina Cavalieri rejoint une troupe théâtrale voyageant dans les provinces italiennes Elle a débuté dans le vaudeville, chantant dans des cafés-concerts et se faisant remarquer par ses prestations aux Folies Bergères. On dit qu'elle aurait eu 840 propositions de mariage. L'amoureux le plus connu étant Benito Mussolini. Lors d'une tournée en Russie, elle épouse le prince Bariatinsky qui la convainc de se produire sur les scènes lyriques. Elle débute à l'opéra dans *La Bohème* (rôle de Mimi), puis chante à Paris et au Met dans l'opéra de Giordano, *Fedora* .avec comme partenaire Enrico Caruso. Divorcée, elle épouse en 1908 le millionnaire Robert Winthrop Chanler (en), mais ils se séparent au bout d'une semaine. L'évènement fait scandale et est à l'origine de la rupture de son contrat avec le Met. Entre 1914 et 1921, elle s'essaie au cinéma à Hollywood, sans grand succès. Elle épouse en 1913 le ténor français Lucien Muratore dont elle se séparera en 1919. En 1926, elle fait ses adieux à la scène et ouvre un institut de beauté à Paris. Elle meurt avec son quatrième mari dans le bombardement de Florence le 8 février 1944. Sa voix, limitée, était plutôt faite pour le répertoire léger, mais elle séduisait et fascinait par sa beauté. Elle a écrit un livre de souvenir *Le mie verità*, Rome (1936). Le film *La Belle des belles (La donna più bella del mondo)* lui a été consacré par le réalisateur Robert Z. Leonard en 1955 avec Gina Lollobrigida interprétant la cantatrice.»

**LINA CAVALIERI IN DUE
PHOTO / CARTE POSTALE
DELLO STUDIO REUTLINGER
-PARIS - 1900-1905 circa.**

**E IN UNA PROVA DI STUDIO REALIZZATA
COME PUNTO DI PARTENZA PER
SUCCESSIVE CARTOLINE
"PUBBLICITARIE":**

34

Lina Cavalieri in una photo / carte postale dello
studio Reutlinger di Parigi risalente al 1904.

## LINA CAVALIERI RITRATTA
## DA GIOVANNI BOLDINI.[12]

---

[12]http://commons.wikimedia.org/wiki/File:Boldini_(Lina_Cavalieri
).jpg?uselang=fr

LINA CAVALIERI CON UN COSTUME DI
SCENA IN UNA PHOTO / CARTE POSTALE
DI UNO STUDIO
FOTOGRAFICO RUSSO.
RISALENTE AL 1908.

# E IN RITRATTO DELLO STESSO PERIODO

# GABRIELLE COLONNA ROMANO
## ATTRICE E MODELLA PER RENOIR[13]

---

[13]Mlle Gabrielle Colonna Romano (1888-1981) was a student of Mme.Sarah Bernhardt. She had an affair with Pierre Renoir and sat for his father, Auguste Renoir. She was one of the earliest silent film actresses, appearing in six films between the years 1908 and 1913. In 1913, she became a sociétaire of the Comédie-Française, sociétaire, one of the most prestigious of all French theatrical companies. Photo by Reutlinger, Paris (1899-1904).

# EMILIENNE D'ALENÇON[14]

14 «**Émilie André**, dite **Émilienne d'Alençon**, née à Paris le 18 juillet 1869 et morte à Nice en 1946, est une danseuse de cabaret et grande courtisane française. Surnommée l'une des *Trois Grâces* de la Belle Époque, avec Liane de Pougy et Caroline Otero, elle est lancée dans le demi-monde, en 1885, par Charles Desteuque, dit «l'intrépide vide-bouteilles[1]». Elle fait ses débuts comme danseuse au *Cirque d'été* en 1889, avant de jouer au *Casino de Paris*, aux *Menus-Plaisirs*, aux *Folies Bergère*, à la *Scala*, aux *Variétés*. Elle est entretenue par le jeune duc Jacques d'Uzès, puis par Léopold II de Belgique. Elle épouse, avant 1895, le jockey Percy Woodland. On lui prête une liaison avec La Goulue, en 1889 et la poétesse Renée Vivien, vers 1908. Le guide *Paris-Parisien* la décrit en 1899 comme une «notoriété de la vie parisienne» et une «jolie demi-mondaine»[2]. Ses biens, parmi lesquels une importante collection de veilleuses en porcelaine et son précieux mobilier décoré de plaques de porcelaine, furent vendus à l'Hôtel Drouot en 1931[3]. Elle mourut à Nice et fut inhumée à Paris[4], au cimetière des Batignolles. Ses chapeaux furent les premiers de Coco Chanel, qu'elle contribua à lancer. Elle figure d'ailleurs dans le film *Coco avant Chanel*, où elle est interprétée par Emmanuelle Devos.

**Publications**

- *Sous le masque*, poésies (1918)
- *Secrets de beauté pour être belle, recueil de conseils utiles et pratiques pour les soins de la femme* (1919)
- *Le Temple de l'amour*, 1 acte en vers, Théâtre de la foire Saint-Germain, 5 juin 1927

**Notes et références**

1. ↑ Selon Auriant, critique au *Mercure de France*, qui révéla l'histoire lors de la publication des mémoires de Mlle d'Alençon, dans le numéro du 1er avril 1940.
2. ↑ *Paris-Parisien*, Ollendorff, 1899, p. 24
3. ↑ Pol Neveux, fit don de l'élégant catalogue à la bibliothèque municipale de Reims.
4. ↑ Où elle avait eu pour domiciles successifs : rue d'Artois, vers 1900 ; 32, avenue des Champs-Élysées, en 1901 ; 14,

41

avenue des Sycomores, villa Montmorency, en 1928 ; 2, rue
Narcisse-Diaz, en 1931.»
Testo tratto da:
http://fr.wikipedia.org/wiki/%C3%89milienne_d'Alen%C3%A7on

AFFICHE DE JULES CHÉRET, DATANT DE 1893, POUR LE PASSAGE D'ÉMILIENNE D'ALENÇON SUR LA SCÈNE DES *FOLIES BERGÈRE*.[15]

---

[15]http://commons.wikimedia.org/wiki/File:Cheret,_Jules_-_Emilienne_d%C2%B4Alencon_(pl_113).jpg

## EMILIENNE IN UNA PHOTO / CARTE
## POSTALE DEL 1902.[16]

[16]http://commons.wikimedia.org/wiki/File:Emilienne_D%27Alenc
on.jpg

E IN ABITO DI SCENA IN UN'ALTRA
PHOTO / CARTE POSTALE DELLO STUDIO
REUTLINGER.

## LE DUE FOTO INCORNICIATE A CONFRONTO...

# EMILIENNE IN UNA FOTO FORMATO CARTE CABINET DELLO STUDIO REUTLINGER DI PARIGI

# E IN UNA PHOTO / CARTE POSTALE SEMPRE DEL MEDESIMO STUDIO FOTOGRAFICO PARIGINO...

# MLLE PAGES[17]

## CDV PHOTO ANONIMO RISALENTE
## AGLI ANNI '60-'70 DELL'800

---

[17] Attrice / cantante di vaudeville, la foto che la ritrae in abito di scena è un cdv anonimo risalente probabilmente al 1860/1870.

49

**Retro del medesimo cdv.**

BOHÉMIENNE AVEC TAMBOURIN
DI JEAN BAPTISTE CAMILLE COROT
DEL 1862.


MLLE VIGNEROT[18]

## CDV PHOTO
## DELLO STUDIO GUSTAVE - LE MANS
### 1863-1864 circa.

## PAULINE PATRY

---

[18] Cantante lirica, attiva negli anni '60 dell'800.

# CDV PHOTO DELLO STUDIO LIEBERT –
# PARIS – 1875

**PAULINE PATRY SU "PARIS THEATRE"
DEL 1875.
(La foto usata è proprio quella
del cdv precedente)**

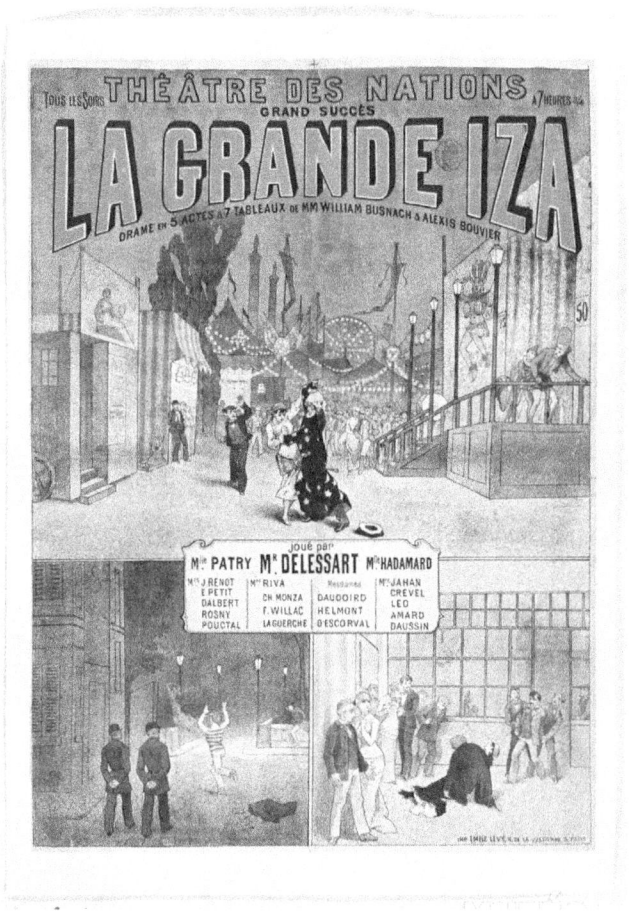

**PAULINE PATRY SUL MANIFESTO DI
"LA GRANDE IZA, DRAMMA IN 5 ATTI"**

# MLLE SOLANGE[19]

[19] Ho inserito questa attrice dopo Pauline Patry perché si tratta di una soubrette dello stesso teatro, il Porte Saint Martin di Parigi, se nel 1879 la Solange aveva 51 anni in questa foto dello studio Gustave di Le Mans doveva averne intorno ai 30-35 come indicano sia il suo aspetto sia l'abito che indossa di moda all'inizio degli anni '60 dell'800.

LA SOLANGE IN ABITO DI SCENA
IN UNA LITOGRAFIA...

IL TEATRO PORTE SAINT MARTIN A
PARIGI PRIMA DELL'INCENDIO DEL 1871, IL
TEATRO VENNE RICOSTRUITO NEL 1873 E
FUNZIONA ANCORA OGGI.

# MARIE ROZE[20]

20 "Marie Rôze (born Maria Hippolyte Ponsin), (2 March 1846, Paris – 2 June 1926, Paris), was a French operatic soprano. She was born in Paris. At the age of 12, she was sent to be educated in England for two years. She then studied with Mocker and Auber at the Paris Conservatoire, where she received the first prize in singing in 1865. That same year, she made her debut at the Opéra-Comique. Her success there led to engagements with the Paris Opéra, and later in London. From 1876 she worked with the Carl Rosa Opera Company during their UK tours and in Scotland over a ten-year period sang roles ranging from Carmen and Manon to Marguerite. In 1877, she was engaged by the Max Strakosch Opera Company and made her American debut on 8 January 1878 in Philadelphia as Leonora in Donizetti's La favorita. She later toured the United States with the Carl Rosa Opera Company from 1883 to 1889 and was particularly noted for her interpretation of the title role Bizet's Carmen. In 1890, she taught singing in Paris and made her farewell tour in 1894. Marie Roze was married first to the operatic bass, Jule E. Perkins, and then to the English impresario James Henry Mapleson. Her son Raymond (1875-1920) was a minor composer whose opera Joan of Arc was performed at the Royal Opera House, London in 1913."
Testo tratto da: http://en.wikipedia.org/wiki/Marie_Roze

## CDV PHOTO DELLO STUDIO GASTON
## E MATHIEU – PARIS.

1<sup>re</sup> ANNÉE          Paris : 25 cent.          Départements : 30 cent.          N° 12

# PARIS-THEATRE

DRAME          OPÉRA          COMEDIE

M<sup>lle</sup> MARIE ROZE
*Rôle de Marguerite (Faust)*

I. PAZ, Rédacteur en Chef
A. GODEMENT, Administrateur
2, Cité Bergère, 2
IMPRIMÉ PAR LE 2<sup>e</sup> MONTMARTRE

JOURNAL HEBDOMADAIRE
PARAISSANT LE JEUDI
Du 7 au 14 Août 1873

ABONNEMENTS

PARIS . Un an, 12 fr.   Six mois,   6 5
DÉPART . id.   14 fr.   id.   7 5.
ÉTRANG<sup>r</sup>   id   18 fr.   id.   9 5

# MARIE ROZE IN ABITO DI SCENA (NEL RUOLO DI MARGHERITA DEL FAUST) SU "PARIS THEATRE" DEL 1873.

# MARIE ROZE SULLA RIVISTA "THE ILLUSTRATED SPORTING AND DRAMATIC NEWS" DEL 1879.

A carte de visitesize Woodburytype portrait
on a thin card mount of the opera singer

# Marie Roze.

# ARTISTE IN POSA... ATTRICI E PITTRICI... SCULTRICI E MUSICISTE... A CONFRONTO...

Foto con sedia intarsiata, tenda tipo quinta teatrale, abito accollato e ginocchio piegato sull'imbottitura in velluto della sedia...

Pauline Marchand, attrice

della Comedie Française e...

Berthe Morisot, pittrice impressionista...

Foto in abiti maschili... con dedica...

Camille Claudel, scultrice e...

Juana Romani, pittrice e scultrice e...

Gabrielle Rejane, attrice con un abito di scena,
ma un cappello simile a quello di Camille...


Foto in abiti invernali: cappotto scuro e
cappellino di piume e fiocco in raso...

**Marie Bashkirteff, pittrice e...**

Camille Claudel, scultrice...

Gabrielle Rejane, attrice...

Ancora Camille Claudel e Gabrielle Rejane in
due foto del 1886 rispettivamente di Carjat
e di Nadar.

# L'Univers illustré

## JOURNAL HEBDOMADAIRE

| RÉDACTION ET ADMINISTRATION | N° 1764 | PRIX DE L'ABONNEMENT |
| --- | --- | --- |
| Paris en numéro et Abonnements | 32ᵉ Année. — 12 Janvier 1889 | PARIS..... 15 fr. 22 fr. » — 12 mois 21 fr. 50. Six mois 6 fr. » |
| Rue Auber, n° 3, place de l'Opéra | LE JOURNAL PARAIT POUR LES SAMEDI | Quai postal. » — 25 fr. » — 13 fr. » — 8 fr. 50 |
| 40 centimes le numéro | | DEMAIN ET VRE. AUBERE. 13 port 30 fev. arriv. 50 fev. |

**Juana Romani, pittrice e scultrice
(cdv photo dello studio Nadar)**

# BIBLIOGRAFIA ESSENZIALE:

http://fr.wikipedia.org/wiki/Jane_Avril

http://en.wikipedia.org/wiki/Jeanne_Julia_Bartet

http://www.marcelproust.it/gallery/bartet.htm

http://fr.wikipedia.org/wiki/Augustine_Brohan

http://www.histoire-image.org/site/oeuvre/analyse.php?i=624

http://it.wikipedia.org/wiki/Lina_Cavalieri

http://www.enciclopediadelledonne.it/index.php?azione=pagina&id=1385

http://www.treccani.it/enciclopedia/tag/lina-cavalieri/

http://www.liberaeva.com/intervisteimpossibili/linacavalieri.htm

http://www.ibiblio.org/wm/paint/auth/morisot/morisot.berthe-photo.jpg

http://en.wikipedia.org/wiki/Marie_Roze

http://www.operascotland.org/person/3193/Marie-Roze

Impressionismo - Pagina 27
books.google.it/books?isbn=8809761693
Bernard Denvir - 1992 - Anteprima
**A fare da modella per la donna che fissa nel vuoto oltre il bicchiere di assenzio davanti al quale è seduta fu Ellen Andrée, una giovane attrice che frequentava anche lo studio di Manet, di cui per qualche tempo fu l'amante.**

Le Théâtre - Parte 2 - Pagina 9
books.google.it/books?id=a... - Traduci questa pagina
1905 - Visualizzazione snippet - Altre edizioni
M. Laroche ne manque pas d'exprimer la fine bonhomie du notaire, et M. Gravier marque, comme il convient, l'autorité un peu brutale du médecin. **Mademoiselle Pauline Patry** traduit très naturellement la grâceindolente de Madame Laroque.

Histoire des théâtres de Paris, 1402-[1911]: Le théâtre de ...
books.google.it/books?id... - Traduci questa pagina
Louis-Henry Lecomte - 1906 - Visualizzazione snippet - Altre edizioni
**Mme Pauline Patry.** Marie Leconte. G ALLAI X . Daubrun . Garel. Doris. Boulanger . A. Canti. Leclerc. hortense. La petite Deschamps. Le comte de Soleure,

épris de la jolie Raymonde Duchemin, institutrice dans sa famille, l'a épousée.

LES ANNALES DU THEATRE ET DE LA MUSIQUE AVEC UNE PREFACE LE ...

books.google.it/books?id... - Traduci questa pagina

M. H. DE PENE - 1885 - Visualizzazione snippet

Les rôles secondaires sont fort bien tenus par **M. Gravier, Mme Antonia Laurent et Pauline Patry.** Si l'explosion du moulin n'a pas répondu à toutes les espérances, le tableau du vieux Paris, d'après Cogniet,

Les milles et une nuits du théâtre - Volume 9 - Pagina 255

books.google.it/books?id=VbE... - Traduci questa pagina

Auguste Charles Joseph Vitu - 1894 - Visualizzazione snippet - Altre edizioni

Faille, **mesdames Pauline Patry et Hélène Verdier, qui donnent de la valeur aux figures secondaires, écrasent d'autant les rôles principaux.** La mise en scène du Donjon des Etanys est fort luxueuse ; l'assassinat de Henri IV vu en rêve parla...

Leslie Stuart: Composer of Florodora - Pagina 33

books.google.it/books?isbn=0415937477 - Traduci questa pagina

Andrew Lamb - 2002 - Anteprima - Altre edizioni

**Marie Roze appeared at another grand opera night on January 4, 1890**, and the celebrated American mezzo-soprano Zelie de Lussan was featured on January 25,

February 22, and March 22. February 1, 1890, brought a "Grand Programme ...

Nicolas Slonimsky: Slonimskyana - Pagina 66
books.google.it/books?isbn=0415968682 - Traduci questa pagina
Nicolas Slonimsky, Electra Yourke - 2004 - Anteprima
**Graves has written a book-length paean in praise of Ava le movie star. In the 1870's, moved by no lesser ardor, addressed adulatory verse to the singer Marie Roze: "Oh the radiant eyes/ That melt with inner light/"**

MONEGHETTI CHOCOLATIER MAISON E, LAME
www.memoireetactualite.org/.../73COURDALPES-...
**Mlle Vignerot** avait un costume charmant. La mise en scène était bien ordonnée, et il n'est pas jusqu'aux choristes dont les costumes ne fussent en harmonie avec le reste. (da una rivista del 1864, scaricabile parzialmente in pdf)

The Era Almanack, Dramatic & Musical - Pagina 97
books.google.it/books?id... - Traduci questa pagina
1879 - Visualizzazione snippet - Altre edizioni
Solange, Mlle., Soubrette, late of Porte St. Martin Theatre, &o., Paris, aged 51, Jan. — . Sotheen, Edward Askew, Comedian, aged 50, January 20. Spence, Margaret, mother of the Brothers Spence, aged 73, August 30. Stanley, Mrs. Bessie ...

Grazie all'antiquario francese Alain Gueguen per avermi regalato dei ritagli di giornali d'epoca che mostrano i protagonisti delle stagioni teatrali di Monte Carlo del 1890-1892.

Le attrici raffigurate nelle litografie sono Madame Deschamps-Jehin e Madame Perretti.

**CDV PHOTO DI MADAME DESCHAMPS DELLO
STUDIO FRANCK DI PARIGI**
In cui la Deschamps viene indicata come attrice del
teatro parigino Palais Royal.

Sarah Bernhardt per Nadar (ristampa di una foto del 1861), per Reutlinger (cartolina postale originale di inizio '900" e in un cdv anonimo risalente al 1870 (l'originale accanto all'ingrandimento) e infine sulla cover dell'edizione con le illustrazioni in bianco e nero di questo libro.

Henriette Henriot, attrice del Theatre Française e
modella per Renoir in una cartolina commemorativa in
cui si ricorda che morì all'improvviso nell'incendio
dell'8 marzo 1900.

Berthe Duvernoy e Marie Salles ballerine all'Operà di
Parigi accanto ad un disegno di Edgar Degas intitolato
"Due danzatrici".

In primo piano Mlle Janvier su Paris Theatre
e un cdv originale della stessa attrice dello studio
Schulgen di Parigi.

Mlle Kerly, foto in abito di scena e ritratto.

Sulla destra ritratto e foto di Ellen Andrée, attrice e
modella di molti pittori impressionisti, da Degas a
Renoir e sulla sinistra l'attrice italiana Adelaide Ristori
in una litografia del 1855.

Lina Cavalieri, attrice e cantante lirica, ritratto e photo /
carte postale dello studio Reutlinger di Parigi.

http://upload.wikimedia.org/wikipedia/commons/d/db/Marie_Roze.jpg

La cantante lirica Marie Roze (da un antiquario inglese
ho rintracciato l'originale della foto riprodotta
su wikipedia).

La cantante lirica Adelina Patti in un cdv photo
anonimo che dovrebbe risalire al 1863, la Patti nella

foto ha, infatti, la stessa acconciatura del ritratto qui
riprodotto
dipinto nello stesso anno.

Mlle Valerie, attrice e cantante, in un cdv photo
anonimo risalente al 1860/1870 e su "Paris Theatre",

dove viene indicata come attrice del teatro parigino del
Palais Royal.

Marie Laurent e Sarah Bernhardt in due foto

dello studio Nadar (un originale e una ristampa)

Tre foto d'insieme dell'esposizione.

L'attrice Gabrielle Rejane nel 1883 in tre foto dello studio Nadar di Parigi (un originale e due ristampe).

La cantante lirica Josephine De Reszke e un cambio
di cornice per il riallestimento della mostra
per Adelina Patti e Sarah Bernhardt.

Le cantanti liriche Marie Roze ed Adelina Patti
a confronto.

**BOHEMIENNE AVEC TAMBOURIN
DI JEAN BAPTISTE CAMILLE COROT
DEL 1862.**

Mlle Pages attrice di vaudeville accanto
alla riproduzione di un quadro di Corot
che rappresenta una donna con un tamburello in mano

La curatrice del libro e della mostra accanto ad una parte dell'allestimento anche lei in "abito di scena" il giorno dell'apertura.

Mostra di foto francesi del periodo 1870-1900

*La Parigi degli impressionisti*

23-27 gennaio 2014

Tutti i giorni dalle 18.15 alle 20.15

Presso lo studio / atelier di Cristina Contilli

Via dei Bagni, 4 (traversa di Via Pieragostini)

Per informazioni:
cristinacontilli@alice.it

# UNA FOTO INCERTA: LINA CAVALIERI
## O MLLE DE VOISIN?

Questa foto priva sul retro di indicazione è una prova
dello studio Reutlinger di Parigi tanto che è stata

venduta sul mercato antiquario come "portrait d'actrice", ma si tratta di Lina Cavalieri oppure di Mlle De Voisin?

LINA CAVALIERI

**MLLE DE VOISIN...**

LINA CAVALIERI IN UNA PHOTO / CARTE
POSTALE DELLO STUDIO REUTLINGER DI PARIGI
RISALENTE AL 1904.

Le foto l'una accanto all'altra
per un confronto più diretto...

VALENTINE DUPRE' GIROT,

# ATTRICE O PITTRICE?

L'antiquario inglese da cui ho preso questa foto l'aveva catalogata come "A CDV portrait photograph of Valentine Dupre, aujourd'hui Madame Girot, presumably a French actress or singer.By Leopold Dubois of Poitiers.", però, da google libri, non risulta nessuna attrice con questo nome, in compenso ho scoperto un'acquarellista francese che porta proprio il nome di Valentine Dupré... un'omonimia oppure è lei la ragazza della foto? In fondo non sarebbe strano che una pittrice si possa mettere in posa "in costume" per un quadro suo oppure per posare per qualche collega...

# ALCUNE FOTO DALLA MOSTRA "VOLTI DAL PASSATO, CAMERINO, 23 SETTEMBRE-7 OTTOBRE 2014"

Jeanne Samary...

Gabrielle Rejane...

Mery (Marie) Laurent...

Camille Claudel e Juana Romani...
In abiti maschili...
A confronto...

Juana Romani
in un cdv e in una foto d'atelier...
in posa per qualche collega...

Juliette Beaumaine e Jeanne Julia Bartet...
Attrici e ballerine...
Tra cdv photo originali e ritratti probabili...

Rosita Mauri...
Ballerina... dedica dall'album Mariani...
Cdv photo in costume di scena...
e ristampa della rivista Paris Theatre...

Emilienne D'Alençon...
Stella delle Folies Bergère...

Jeanne Gonzales, sorella della pittrice Eva Gonzales
e Julie Manet, figlia della pittrice Berthe Morisot...

Un disegno e una composizione di quattro
photo / carte postali che dimostrano come fossero simili
atteggiamento e modo di vestire di attrici e pittrici
nella Francia della Belle Epoque...

www.ingramcontent.com/pod-product-compliance
Lightning Source LLC
Chambersburg PA
CBHW072202280526
45788CB00002B/844